Hartmut Fischer (Hrsg.)

Materialien
Paulus

Sekundarstufe I

Ernst Klett Verlag für Wissen und Bildung

Stuttgart · Dresden

Gedruckt auf Papier, welches
aus Altpapier hergestellt wurde.

1. Auflage   1 6 5 4 3 2 | 1999 98 97 96 95

Alle Drucke dieser Auflage können im Unterricht nebeneinander benutzt werden, sie
sind untereinander unverändert. Die letzte Zahl bezeichnet das Jahr dieses Druckes.
Alle Rechte vorbehalten.
Fotomechanische Wiedergabe nur mit Genehmigung des Verlags
© Ernst Klett Verlag für Wissen und Bildung GmbH, Stuttgart 1993
Gesamtherstellung: Wilhelm Röck, Weinsberg
Einbandgestaltung: Zembsch' Werkstatt, München
ISBN 3-12-268800-X

Inhalt

Der Christ und der Staat

Paulus – ein Reaktionär?

Dem Apostel Paulus auf der Spur

1 Diskussion in einer Jugendgruppe I

Versetzt Euch in folgende Situation:
Ihr seid Mitglied der Jugendgruppe einer
Kirchengemeinde in einer Neubausiedlung,
der Paulus-Gemeinde. Jetzt steht das
10jährige Gemeindejubiläum an, und der
Pfarrer, Herr Jung, plant dazu ein Pfarrfest.
Auch die Jugendgruppe möchte dabei mit-
wirken, hat dazu eine Fete für die Jugendli-
chen vorgeschlagen, aber es soll auch
noch etwas anderes gemacht werden, so
eine Art „Projekt" hat Pfarrer Jung ange-
deutet: Jetzt, beim Gruppenabend, „rückt
er damit heraus":

„Wie wäre es, wenn wir eine Dokumentation zu Paulus, nach dem unsere Gemeinde benannt ist, machen?"
„Aha, das ist also der Preis für die Disco",
denkt sich Frank, „eine fromme Gegenlei-
stung für die Fete ist angesagt".
Pfarrer Jung kennt „seine Pappenheimer"
nun schon recht gut, deshalb fährt er fort:
„Leute, ich weiß, was in euren Köpfen
jetzt vorgeht. Ihr glaubt wohl, das sei ab-
solut stinklangweilig, ödend, Pfarrers
Gähnstunde ist jetzt angesagt. Aber ich
kann versprechen, daß dieser Mann ganz
interessant wird, wenn man sich einmal
näher mit ihm befaßt. Was wißt ihr denn
überhaupt über Paulus, nach dem unsere
Gemeinde benannt ist?"
Zuerst ist Schweigen in der Runde, doch
dann geht es los:

Was wißt Ihr denn über Paulus?
Schreibt es zusammen mit Eurem Nach-
barn auf.

Pfarrer Jung hat geduldig zugehört, no-
tiert und ein paar kurze Bemerkungen zu
den Äußerungen gemacht. Eines ist jetzt
klar. Kaum jemand hat richtig „Ahnung"
von diesem Mann, manche haben schon
etwas gehört, aber Genaues weiß keiner.
Da meldet sich Sabine zu Wort:
„Herr Jung, wie hat denn der Paulus überhaupt ausgesehen?"
Pfarrer Jung hat diese Frage wohl erwar-
tet, geht an den Schrank, holt den Diapro-
jektor heraus; Kai und Rebekka bauen
wie gewohnt, wenn ihnen Pfarrer Jung
Dias zeigt, die Sachen auf. Dann sehen sie
folgendes Dia (siehe Abb. S. 6).

Betrachtet das Bild auf Seite 6. Was ist Eu-
er erster Eindruck?
Beschreibt den abgebildeten Mann.

Es gibt einige lustige und einige ernsthafte
Bemerkungen über das Bild, doch Markus bringt es auf den Punkt:
„Das Bild ist doch bestimmt schon älter.
Hat der Künstler denn überhaupt den
Paulus gekannt? Ist das denn wirklich
echt?"
Pfarrer Jung gibt die Frage an die anderen
weiter. Und Verena hat in ihren Lieblings-
fächern Geschichte und Kunst gut aufge-
paßt. Sie weiß etwas über diese Bilder zu
berichten:

Was wißt Ihr über diese Bilder?
Wer hat diese Technik bevorzugt benutzt?
Wann ist das Bild wohl entstanden? Was
könnt Ihr daraus schließen?

Mosaik aus der Basilika San Vitale in Ravenna

Plötzlich ist das Gespräch über Paulus im Gange. Pfarrer Jung faßt zusammen (Hefteintrag).

Aber nun meldet sich Paula zu Wort, die immer etwas Kritisches auf Lager hat: „Was beweist uns denn, daß dieser Paulus überhaupt gelebt hat? Vielleicht ist das alles nur ein frommer Schwindel, und unsere Gemeinde ist nach einem Phantom benannt?"

Marco hat sofort eine Antwort parat: „Du mußt doch nur einfach in die Bibel schauen, dann ..."

Welches Argument bringt Marco vor?
Womit belegt er die Existenz des Paulus?

Doch Paula gibt noch nicht Ruhe, sie sagt, das beweise alles noch gar nichts. Da schaltet sich wieder Pfarrer Jung in die Diskussion ein:
„So, jetzt wird es wohl doch spannend. Peter, schau bitte einmal in der Apostelgeschichte, Kapitel 18 nach."
Peter überfliegt kurz den Text und berichtet den anderen:

„Das Kapitel spielt in Korinth, wohin Paulus von Athen aus kam und bei dem jüdischen Ehepaar Prisca und Aquila, die aus Rom von Kaiser Claudius vertrieben worden waren, aufgenommen wird. Dort arbeitete er, weil sie wie er Zeltmacher waren. Er predigt in den Synagogen und bekehrt einige Menschen. Dann wird er aber von den Juden angezeigt und vor Gericht gebracht. Der Richter ist der Statthalter der Provinz Achaja, ein gewisser Mann namens Gallio. Der will aber nicht über jüdische Glaubensfragen der Richter sein und schickt sie alle wieder weg."

„Das beweist doch nichts", ruft Paula empört. „Und doch", entgegnet Pfarrer Jung, „denn man hat in Delphi eine Inschrift gefunden, die belegt, daß ein Statthalter L. J. Gallio, übrigens ein Bruder des berühmten römischen Philosophen Seneca, in der Provinz Achaja in der Amtszeit 51–52 n. Chr. eingesetzt war."

Welcher Beweis ist damit gegeben?
Was bedeutet das für die Lebensdaten des Paulus?

Die Gruppenstunde ist fast um, als Carola erscheint, um ihre jüngere Schwester Paula abzuholen. Als sie erfährt, was die Gruppe gemacht hat, legt sie los:
„Wissen Sie, Herr Jung, dieser Paulus ist doch ein ganz mieser Chauvi gewesen, was der von den Frauen gehalten hat. Ich hab das im Leistungskurs gemacht. Frauen sind den Männern untertan, die Sklaverei nimmt er widerspruchslos hin, bedingungslos wird der Staat akzeptiert, und dann jede Menge überholte Moral. Und mit einem Ausspruch hat er den Nazis sogar die Bibelstelle für den Holocaust geliefert. So einer ist auch noch der Namenspatron unserer Gemeinde!"
Die anderen sind geschockt, doch Pfarrer Jung bleibt gelassen. „Gerade das wird ihm immer wieder vorgeworfen, und auch das werden wir in unserer Dokumentation nicht verschweigen, sondern genau aufarbeiten. Und du, Carola, bist dazu recht herzlich eingeladen."

Wie wir etwas über den Apostel Paulus in Erfahrung bringen können

2 Diskussion in einer Jugendgruppe II

Eine Woche später trifft sich die Jugendgruppe wieder komplett bei Pfarrer Jung, der sie scheinbar ganz gut für das „Paulus-Projekt" motivieren konnte. Selbst Carola, die ältere Schwester von Paula, ist von Anfang an da.

Pfarrer Jung steigt direkt ein: „Heute wollen wir mal schauen, was wir über Paulus an Informationen finden können." Marco ist sofort aufgestanden und ...

Was hat Marco wohl getan?

Die anderen lästern, daß ihnen diese Idee wohl auch gekommen wäre. Marco läßt sich aber nicht beeindrucken, drückt Kai einen Folienstift in die Hand und schickt ihn zum Overheadprojektor, der im Raum steht. Dann diktiert er: „..."

Was liest Marco sicherlich vor?
Schreibt mit Eurem Nachbarn gemeinsam auf, was er diktiert hat.

Carola schaltet sich jetzt ein. Sie hat im Gymnasium Religion als Leistungskurs belegt und sich dort schon einmal intensiv mit Paulus beschäftigt. Jetzt schlägt ihre Stunde als „Spezialistin": „Wißt ihr, da gibt es ein Problem. Nicht alle Briefe, die dem Paulus zugeschrieben werden, sind nämlich auch von ihm selber. Das sind, wenn ich mich recht erinnere, nur sieben Stück. Die anderen bezeichnet man als Deuteropaulinen, denn ..." „Langsam, langsam, Frau Professor!" unterbricht sie Rebekka. „Das kann sich doch keiner merken, und dann die Angeberei mit diesem Fremdwort!" Pfarrer Jung glättet die

Wogen wieder, und gemeinsam mit Carola erklärt er den anderen, wie das mit der Echtheit der Paulus-Briefe ist.

Lest Euch Mat. 3 „Echte und unechte Paulus-Briefe" durch. Warum weicht die zeitliche Reihenfolge von der Anordnung im NT ab?
Prägt Euch die Abkürzungen der sieben echten Paulus-Briefe ein und erklärt die Namen der Briefe.
Was bedeutet der Begriff „Deuteropaulinen"?
Was versteht man unter Pastoralbriefen?
Achtet auf die Abfassungsorte!
Tragt die zeitliche Reihenfolge der echten Paulus-Briefe in den Zahlenstrahl ein.
Man datiert die Berufung des Paulus allgemein auf das Jahr 32.
Vergleicht dies mit der Abfassungszeit der Briefe.

Peter hat die ganze Zeit über aufmerksam zugehört und nichts gesagt. Jetzt erinnert er sich an die letzte Woche: „Herr Jung, letzte Woche habe ich aber über Paulus aus einem anderen Buch der Bibel vorgelesen. Also gibt es doch noch eine weitere Quelle!"

Erinnert Ihr Euch an Peters Beitrag? Welche Quelle meint er?
Wenn Ihr Euch nicht sicher seid, schlagt in Mat. 1 nach.

„Du hast recht, Peter. Aber damit muß man vorsichtig umgehen", wendet Carola ein. „Wir haben im Leistungskurs gelernt, daß ..."

8

Carolas Einwand ist berechtigt. Lest Euch nun Mat. 4 durch. Wann wurde die Apg. abgefaßt? Welche Probleme ergeben sich dadurch?
Wer ist der Verfasser der Apg.?
Welche Quellen hat Lk. benutzt bzw. nicht gekannt? Begründe.
Welche Ziele verfolgt Lk. mit der Apg.?
Bewerte die Apg. als Quelle über den Apostel Paulus?
Gibt es noch weitere Quellen? Welchen historischen Wert haben sie?
Wie soll man bei Widersprüchen entscheiden?

Nachdem jetzt einiges über die Quellen zu Paulus bekannt ist, kann die Arbeit beginnen. Pfarrer Jung hat ganz gezielt einige Bibelstellen zu Paulus herausgesucht und teilt jetzt die Anwesenden in zwei Gruppen ein, die in der Bibel folgende Stellen nachschlagen und auswerten sollen:

Schlagt folgende Stellen in der Bibel nach und schreibt die wichtigsten Angaben zur Person in Stichworten heraus:
Gruppe 1: 1. Thess. 2,9; 1. Kor. 4,12; 2. Kor. 11,22 – 33; Phil. 3,5 – 6; Gal. 1,13 – 14; Röm. 11,1;
Gruppe 2: Apg. 7,58; 8,3; 13,9; 16,37; 18,3; 21,39; 22,3 – 5; 22,25 – 29; 23,6
Tauscht Eure Ergebnisse untereinander aus und vergleicht sie. Wo gibt es Übereinstimmungen, wo deuten sich Widersprüche an?

Die Ergebnisse haben einige Diskussionen ausgelöst. Auf Pfarrer Jung geht ein richtiges Fragen-Bombardement los.
Marco: „Dann war Paulus ja einer von der übelsten Sorte von Juden, wie es in den Evangelien heißt. Die Pharisäer sind doch richtige Heuchler gewesen, die Jesus immer wieder reinlegen wollten und schuld sind an seiner Kreuzigung."
Kai: „Wo liegt denn eigentlich Tarsos oder Tarsos? War das ein kleines Nest oder eine richtige Stadt?"
Paula: „Ich verstehe das nicht mit den Namen. Wie hieß er denn wirklich?"
Markus: „War Paulus so etwas wie ein Sprachgenie? Und wie soll man das mit den Bürgerrechten verstehen?"
Rebekka: „Was ist eigentlich ein Zeltmacher? Gab es denn damals schon richtige Campingplätze?"
Bei der letzten Frage mußten alle lachen. Pfarrer Jung hat aufmerksam zugehört und auch alle Fragen im Kopf. Dann sagt er:

„Immer hübsch der Reihe nach. Aber fangen wir mit dem Einfachsten an: Paulus sagt zwar selber nie etwas über seinen Heimatort, aber die Angabe in der Apostelgeschichte ist wohl sicher: Er stammt aus Tarsus oder Tarsos – das erste ist der lateinische, das zweite der griechische Namen der Stadt – in Kilikien. Tarsus war damals die Hauptstadt dieser römischen Provinz im Südosten der Türkei (vgl. Karte Mat. 5). Heute ist sie nur noch ein unbedeutendes Dorf; z. Zt. des Paulus aber war sie nicht nur eine Großstadt, die als Handelszentrum in der ganzen Region galt, sondern durch die Weltoffenheit, die die Handelsbeziehungen mit dem gesamten Mittelmeerraum und dem östlichen Hinterland mit sich brachten, auch ein Zentrum griechischer Kultur. Es gab ein ausgebautes Bildungssystem, Kunst und Theater wurden gefördert. Sie galt als die ‚griechischste Stadt außerhalb Griechenlands'.
Tarsus ist auch für sein leinenverarbeitendes Gewerbe berühmt gewesen. Diese Zeltmacher (vgl. Abb. S. 10) webten Stoffe und verarbeiteten sie zu Planen, die man nicht nur für Zelte benutzen konnte: Man benötigte sie z. B. für den Transport auf Schiffen und zu Lande, als Abdeckung auf den Märkten u. v. a. m. Wenn auch Paulus in seinen Briefen nur erwähnt, daß er sei-

Zeltmacher

nen Lebensunterhalt durch eigene handwerkliche Arbeit (teilweise) finanzierte und sich nicht (nur) durch die Gemeinden unterstützen ließ, so kann man der Angabe in Apg. 18,3 wohl glauben, weil sie gut zur Situation in Tarsus paßt.

Nun zum Doppelnamen Paulus – Saulus. Paulus ist sein römischer Name und bedeutet übersetzt ‚der Kleine'. Er selbst verwendet in seinen Briefen nur diesen römischen Namen. Saulus dagegen ist die lateinische Version von Saul; so hieß der erste König der Israeliten im AT. Da Paulus' Vorfahren wie dieser König aus dem Stamme Benjamin stammten, ist es sehr wahrscheinlich, daß er neben seinem bürgerlichen Namen noch einen ähnlich klingenden hebräischen Namen trug, wie er in der Apostelgeschichte verwendet wird.

Nun zum Bürgerrecht. Die Stadt Tarsus konnte ihren Bürgern das städtische Bürgerrecht verleihen. Besonders angesehene

Bürger konnten darüber hinaus auch das römische Reichsbürgerrecht verliehen bekommen, das sie vor Übergriffen schützte und das sie nur der römischen Gerichtsbarkeit unterstellte. Inhaber dieses Reichsbürgerrechtes waren nur wenige Menschen außerhalb Roms, aber dieser Rechtsstand wurde bei der Geburt von den Kindern geerbt. Paulus erwähnt dieses römische Bürgerrecht nie selbst, es wird nur in der Apostelgeschichte mehrfach genannt. Trotzdem gehen die meisten Forscher davon aus, daß Paulus von Geburt an römischer Reichsbürger war. Andere Wissenschaftler zweifeln dies an, weil ihm dann ja die Mißhandlungen, die er in 2. Kor. 11 aufzählt, erspart geblieben wären. Aber vielleicht hat er auf seine römischen Privilegien verzichtet, weil er in den Mißhandlungen Leiden für Christus sah? Sicher läßt sich diese Angabe also nicht bestätigen.

Paulus lebte als Bürger der Stadt Tarsus in einer griechischen Stadt, aber er war durch seine Eltern auch von klein an Mitglied in der dortigen jüdischen Synagogengemeinde. Man nennt die jüdischen Gemeinden außerhalb Palästinas Diasporagemeinden (Diaspora = Zerstreuung), weil schon damals viele Juden „zerstreut", d. h. außerhalb des „verheißenen Landes" lebten. Diese Gemeinden waren mitunter recht groß und selbständig, akzeptierten aber Jerusalem als Mittelpunkt der jüdischen Religion. Der Synagogengottesdienst hatte zwar den Tempelkult ersetzt, obwohl fromme Juden vor 70 n. Chr., sooft es ging, auch zum Jerusalemer Tempel pilgerten. An der Spitze der Gemeinde stand der Rabbiner, der vor allem die Tora, das Gesetz, auch für den Alltag auslegte. Wenn auch die Gemeindemitglieder ein Leben als Bürger ihrer an der griechischen Lebensweise orientierten Stadt führten, so hielten sie doch fest zusammen und gaben ihre Religion nicht auf. Wenn es um den *einen* Gott Israels und um die Einhaltung des Gesetzes ging, fühlte man sich als „auserwähltes Volk" und machte hier – trotz aller sonstigen Toleranz – keine Kompromisse. So wurde Paulus dann jüdisch erzogen, lernte von Kind an die Tora kennen und einhalten, und er las in der griechischen Übersetzung des AT, der Septuaginta. Aus ihr hat er dann später in seinen Briefen zitiert, und zwar meistens aus dem Gedächtnis. Und das Notwendigste an Hebräisch und Aramäisch hat er wohl auch gelernt, sonst hätte er sich nicht so gut mit den Jerusalemer Christen wie Petrus verständigen können. Ob er aber, wie es die Apostelgeschichte erwähnt, gar in Jerusalem bei dem berühmten Rabbi Gamaliel studiert hat, wird von fast allen Forschern bezweifelt; das ist wohl eine spätere Legende.

Nun, wie schon gesagt, Paulus konnte Griechisch, die damalige Weltsprache im östlichen Mittelmeerraum, nicht nur sprechen, sondern auch lesen und schreiben. Das Griechisch seiner Briefe ist gut und beweist, daß er sicher eine ordentliche Schulbildung hatte; wenn ihr so wollt, hat er viel im Grammatik- und Aufsatzunterricht gelernt. Mit alledem hatte er die notwendige Bildung erworben, die er als Missionar im Römischen Reich brauchte.

Ja, zum Schluß noch: Paulus war Pharisäer. Und die waren bestimmt nicht die Heuchler, wie sie die Evangelisten, die erst einige Zeit nach dem Tode des Paulus schreiben, darstellen. Auch standen die Christen zur Abfassungszeit der Evangelien aus jüdischer Sicht als Sekte unter dem verständlichen Druck gerade der Pharisäer. Denn denen ging es vor allem um die Einhaltung der Tora, des Gesetzes. Sie bemühten sich – vor allem ihre Schriftgelehrten – darum, diese alten Gesetze durch Auslegung stets so zu aktualisieren, daß die Gläubigen den Anforderungen des modernen Lebens und des Gesetzes gerecht werden konnten. Wenn man die Gesetze, z. B. den Sabbat und die Speiseregeln, einhielt, bestand Hoffnung auf die Erlösung durch den zu erwartenden Messias. Aber die Pharisäer waren nicht ausschließlich Schriftgelehrte, vor allem waren es Laien, die sich dieser Richtung des jüdischen Glaubens angeschlossen hatten und ihre Ziele mit Eifer verfolgten. So verhielt sich sicher auch Paulus, der als junger Mann besonders eifrig Abweichler, wie die Leute um Jesus bzw. die ersten Christen, verfolgen mußte, weil sie das Gesetz als alleinige Richtschnur in Frage stellten. Daher auch sein mieses Image, gegen das er sein ganzes Leben lang kämpfen mußte. Aber das führt jetzt zu weit, darüber ein anderes Mal mehr."

Die Jugendlichen haben interessiert zugehört. Doch jetzt drängt die Zeit, wenn sie noch etwas zu Papier bringen wollen.

Lest Euch den Text noch einmal genau durch und klärt alle Fragen, damit Ihr ihn völlig verstanden habt.
Markiert das Wesentliche im Text und füllt dann das Arbeitsblatt „Paulus" aus.

3   Echte und unechte Paulus-Briefe

Im Inhaltsverzeichnis des NT werden Paulus insgesamt 14 Briefe zugeschrieben, doch nur die Hälfte davon sind von ihm selbst: Der Brief an die Römer (Röm.), die beiden Briefe an die Korinther (1. Kor., 2. Kor.), der Brief an die Galater (Gal.), der Brief an die Philipper (Phil.) und der 1. Brief an die Thessalonicher (1. Thess.) sowie der Brief an Philemon (Phlm.).

Die anderen Briefe nennt man unechte Paulus-Briefe. Besser ist jedoch der Fachbegriff *„Deuteropaulinen"*, d. h. so viel wie „2. Paulus-Briefe". Damit ist gemeint, daß sie nicht von ihm selbst verfaßt sind, sondern daß die Verfasser sie dem Apostel „zugeeignet" haben, seinen Namen als Pseudonym benutzt haben. Das sind also keine Fälschungen in unserem heutigen Sinne, sondern die anonym gebliebenen Verfasser gebrauchen den Namen des Apostels als Ehrenbezeugungen und um ihren Äußerungen so etwas wie amtlichen Charakter zu geben, damit die Adressaten im Glauben gefestigt werden. In mühevol-

ler jahrelanger Kleinarbeit haben die Wissenschaftler durch Sprachstudien und detektivische Analysen (Vergleiche anstellen, versteckte Zeitangaben und Indizien für spätere Abfassungszeiten finden) die Deuteropaulinen „entlarvt", die erst lange nach dem Tode des Paulus entstanden sind, etwa um 100 n. Chr. Die Anordnung der Briefe im NT ist teilweise recht willkürlich; so steht der jüngste Paulus-Brief, der Römerbrief, am Anfang, weil er am umfangreichsten ist. Die zeitliche Abfolge war damals nicht bekannt. Im 2. Korintherbrief sind gar zwei recht unterschiedliche Teilbriefe zusammengefaßt.

Als Pastoralbriefe bezeichnet man die Deuteropaulinen an Timotheus und Titus, weil sie sich an Gemeindevorsteher richten und die Gemeindeordnung betreffen (Pastor = Hirte).

Bei der Datierung der echten Paulus-Briefe gibt es geringfügige Abweichungen um 1–2 Jahre, aber bzgl. der Adressaten und der Abfassungsorte herrscht fast völlige Übereinstimmung.

Die Apostelgeschichte (Apg.) des Lukas ist der **zweite Teil eines Doppelwerkes,** dessen erstes Buch das Lukasevangelium ist, wie es der Verfasser schon ausdrücklich im ersten Vers seines Vorwortes sagt. Auch dieses zweite Buch ist an Theophilus, den Adressaten des Evangeliums, gerichtet.

Die Apg. zeigt dabei einen klaren Aufbau, um ca. 30 Jahre früheste Kirchengeschichte darzustellen: In den ersten zwölf Kapiteln stehen die herausragendsten Persönlichkeiten der Jerusalemer Urgemeinde und vor allem Petrus im Zentrum der Darstellung, ab Apg. 13,9 ist es Paulus. Während im Evangelium das irdische Wirken Jesu den Lesern und Hörern in neuer Form (vgl. Lk, 1,1–4 u. Apg. 1,1) präsentiert wird, soll nun die Entwicklung der Kirche zuerst über die Jerusalemer Apostelschar, dann über das Wirken des Paulus bis zur Gegenwart des Verfassers verdeutlicht werden. Und diese Gegenwart des Verfassers sind nach den Erkenntnissen der Wissenschaftler **die 80er Jahre des 1. Jahrhunderts.** Zwischen der Abfassung der Schrift und den letzten dargestellten Ereignissen (Festnahme des Paulus und Überführung nach Rom) liegt eine zeitliche Distanz von etwa 30 Jahren; die Distanz zu den Ereignissen der Anfangskapitel beträgt sogar um 50 Jahre. Allein dieser zeitliche Abstand schafft Probleme.

Seit der frühen Kirche hat man als **Verfasser** Lukas, den Arzt, einen Reisebegleiter des Paulus (vgl. Kol. 4,14 u. Phlm. 24), angenommen. Doch dies wird heute von den Wissenschaftlern durchweg abgelehnt, denn die Differenzen zu den Aussagen in den echten Paulus-Briefen (siehe unten) sind zu groß, als daß die Apg. von einem Weggefährten des Apostels stammen könnte. Die Stellen, an denen der Verfasser von sich und Paulus in der **„wir-Form"** spricht, sind ein schriftstellerischer Trick, mit denen der Autor an einigen Stellen eine Augenzeugenschaft fingieren will, um seine Glaubwürdigkeit zu bekräftigen. Es bleibt also dabei:

Die Apg. stammt vom selben anonymen Verfasser, der auch das Lukasevangelium verfaßt hat. Er schreibt diesen zweiten Band eines zusammengehörigen Doppelwerkes in den 80er Jahren des 1. Jahrhunderts an einem uns unbekannten Ort.

Doch welche **Quellen** hat der Verfasser, den wir Lk. nennen wollen, benutzt? Zweifellos stützt sich der Text der Apg. überwiegend auf schriftliche Überlieferungen, von denen sich aber nur eine gut erkennen läßt. Für die Kapitel 13–21 hat er ein sog. **„Itinerar"** (lat.: Straßen-, Wegeverzeichnis; hier: Stationen der Reisen des Paulus) ausgewertet, das wohl von einem Reisebegleiter des Apostels gestammt hat. **Aber die echten Paulus-Briefe hat er nicht gekannt,** denn die Abweichungen sind zu groß:

– Für Lk. ist Paulus kein Apostel, dies sind nur die zwölf Jerusalemer Zeitgenossen Jesu. Aber Paulus hat immer auf diesen Titel größten Wert gelegt.

– In der Apg. bleibt Paulus der gesetzestreue ehemalige Pharisäer. Paulus sah dies ganz anders.

– Konflikte des Paulus mit der Urgemeinde in Jerusalem erscheinen in den echten Briefen als „handfester Krach", in der Apg. ist „alles gar nicht so schlimm gewesen" oder wird einfach nicht erwähnt.

Dies erklärt sich recht einfach, wenn man nach den **Zielen der Apg.** fragt:

1. Lk. will mit der Apg. für die junge Kirche neue Mitglieder werben, indem er sich an Sympathisanten und Interessierte wendet. Die Betonung innerkirchlicher Konflikte, die früher einmal wichtig waren, aber jetzt (ca. 80–90 n. Chr.) bereinigt sind, könnten diese abschrecken.

2. Er will die bestehenden Gemeinden zur Einigkeit mahnen, indem er Konflikte beschönigend darstellt und die Einigkeit betont.

3. Diese Einigkeit ist auch wichtig, weil es erste Bedrohungen durch den römischen Staat gibt. Deshalb sind auch die Römer in der Apg. meist fair im Umgang mit Paulus, der sogar römischer Reichsbürger ist und nichts Negatives gegen die römische Staatsmacht vorhat.

4. Für Lk. ist es wichtig, den Weg des Evangeliums aufzuzeigen: Es kam von Jesus zu den Aposteln, die Paulus zur Heidenmission beauftragten, der wiederum Gemeinden gründete und Älteste einsetzte, die in der Gegenwart die Weitergabe der frohen Botschaft verantworten müssen.

Trotz all dieser Ziele und der damit auftretenden Widersprüche ist die Apg. die **zweitwichtigste Quelle für das Leben des Paulus.** Lk. hat für damalige Verhältnisse seriös gearbeitet, obwohl sich schon längst um Leute wie Paulus Legenden gebildet hatten (z. B. Wundererzählungen). Der Apg. verdanken wir wichtige Informationen zur Herkunft des Paulus, zur Gemeinde in Antiochia (siehe Karte Mat. 5) und zur Datierung (vgl. Mat. 1). Wenn man die Apg. **als Ergänzung** der echten Paulus-Briefe **kritisch auswertet,** ist sie uns sehr nützlich, eine Vorstellung von Paulus zu erhalten.

Weitere Quellen stammen aus der Zeit um 200 n. Chr. Im ersten Clemensbrief und in den **Paulus-Akten** wird vom Martyrium des Apostels zur Zeit Neros in Rom berichtet. Aber Paulus ist nun schon längst eine Legende geworden. In den Paulus-Akten, die ein anonymer Gemeindeältester verfaßt hat, erscheint er als „Supermann", der Jesus als Wundertäter „um Längen" übertrifft und ein Abenteuer nach dem andern für die Sache Christi besteht. Aus den Paulus-Akten stammt die Personenbeschreibung, die alle späteren Darstellungen des Apostels in der Bildenden Kunst geprägt hat (vgl. auch die Abbildung in Mat. 1).

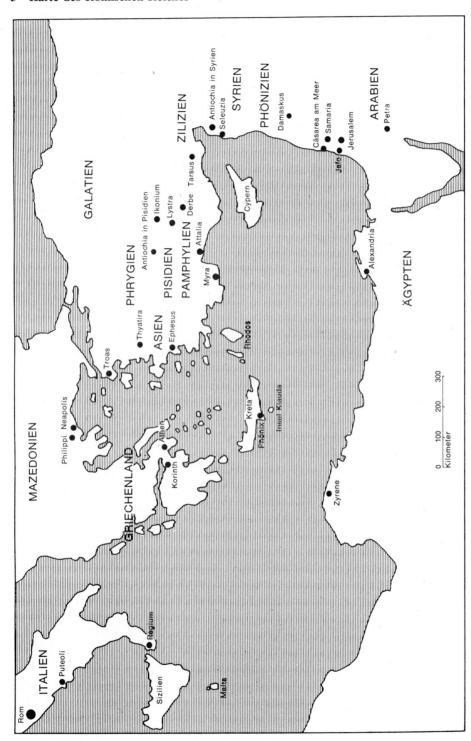

Paulus entdeckt Gott neu (Rechtfertigungslehre)

6 Dialog zweier Juden

Abram, ein jüdischer Händler aus Tiberias in Galiläa, kehrt von einer Geschäftsreise nach Antiochia (Syrien) in seine Heimatstadt zurück. Er besucht seinen langjährigen Freund Nahum, um ihm zu berichten.

Nahum:
Wie schön, dich wieder gesund zu Hause zu sehen! Waren deine Geschäfte erfolgreich? Was gibt es Neues in Antiochia?

Abram:
Langsam, alter Freund. Nun ja, die Reise war beschwerlich, die Geschäfte geben keinen Anlaß zur Klage, und wegen der Neuigkeiten aus Antiochia muß ich dich dringend sprechen, denn sie lassen mich nicht zur Ruhe kommen.

Nahum stellt neugierig blickend einen Krug mit Wein auf den Boden und gießt Abrams Becher voll.

Nahum:
Was ist los in der Diaspora? Planen sie einen Aufstand gegen die Römer, oder hast du dich über ihre manchmal seltsamen Ansichten in der Synagoge geärgert?

Abram:
Für Politik ließen mir die Geschäfte keine Zeit, aber eine besondere Begegnung wirkt immer noch nach. Daß es dort in der riesigen Gemeinde so viele gibt, die sich nicht beschneiden lassen wollen, daran habe ich mich mit der Zeit gewöhnt. Allerdings gibt es dort eine Gruppe namens „Christianer", wo ein Rabbi namens Paulus, ein pharisäisch gebildeter Zeltmacher aus Tarsus in Kilikien, predigt – ja, das haut dem Faß wirklich den Boden aus! Und doch, es läßt mich seitdem nicht mehr los.

Nahum:
Nun mach es nicht so spannend, die Großstädter gehen doch schon seit Jahrzehnten manchmal seltsame Wege.

Abram:
Dieser Paulus sagt doch tatsächlich: „Daß durch das Gesetz niemand vor Gott gerecht wird, ist offenkundig; denn: Der aus dem Glauben Gerechte wird leben" (Gal. 3,11). Und noch mehr: „Alle aber, die nach dem Gesetz leben, stehen unter dem Fluch" (Gal. 3,10 a).

Nahum:
Das ist doch Gotteslästerung. Der Mann greift doch das Fundament unserer Religion an. Er tastet den Bund vom Sinai an; die Tora ist der einzige Weg zu Gott. Hätte er das vor Jahren in Jerusalem gesagt, dann wäre er sehr schnell gesteinigt worden.

Abram:
Es gab ja auch Reaktionen, aber der Mann konnte antworten. Natürlich haben wir ihn mit Fragen festgenagelt. Aber er wußte auch Antworten.

Nahum:
Die wissen unsere Rabbiner auch. Niemand von uns ist doch so töricht zu glauben, er könne alle Gebote halten. Niemand kann alles im einzelnen erfüllen, aber das Streben nach der Erfüllung des Gesetzes ist das Wichtige, der einzige Weg zu Gottes Gerechtigkeit. Das sagen doch auch unsere Schriftgelehrten, und das müßte er als Pharisäer auch wissen, denn gerade die suchen ja nach einem Weg, wie man die alten

Gesetze auch heute noch, wo so vieles anders ist – vor allem wegen dieser Römer und Griechen – einhalten kann.

Abram:

Das hat er natürlich gewußt. Aber er meint damit, daß das Gesetz eine neue Aufgabe habe: Es führt nicht mehr zum Heil, es macht uns nur noch klar, daß wir – wie er sagt – Sünder sind, die nicht aus eigener Kraft zum Heile kommen, sondern der Gnade Gottes bedürfen. Er klagt unsere Selbstgerechtigkeit an, den Glauben daran, daß wir es aus eigener Kraft schaffen könnten. Er will auch nicht die Gebote außer Kraft setzen, nur unseren Glauben, daß wir sie aus uns heraus einhalten könnten.

Nahum:

Ich glaube, dieser Mann hat dich ganz schön beeindruckt. Und so ungläubig es auf den ersten Blick erscheint, da ist was dran.

Abram:

Genauso ging es mir. Er sagte weiter, daß seine „frohe Botschaft" davon ausgehe, daß es keinen guten und heilen Menschen gebe, sondern wir alle vom Gesetz noch beeinflußt wären, nach Schlechtem zu schielen, anstatt durch es zu erkennen, daß wir nicht von selbst zum Heil kommen.

Nahum:

Aber welchen Weg hat er denn zu bieten, dieser Paulus?

Abram:

Er ist ein Anhänger dieses Jesus, von dem ja auch Leute in Jerusalem sagen, er wäre der Messias.

Nahum:

War das nicht ein Galiläer, der hier in der Gegend Wunder getan haben soll und dann in Jerusalem gekreuzigt wurde?

Abram:

Ja, der. Paulus sagt, dieser sei vom Tod auferstanden und er wäre ihm vor Damaskus erschienen. Und dieser Christus – so nennt er ihn stets – habe die Nächstenliebe gepredigt. Und durch seinen Tod und seine Auferstehung habe Gott das Gesetz außer Kraft gesetzt: „Jesus hat uns freigekauft" (Gal. 3,14 a). Das Gesetz sei jetzt erfüllt. Wer an Jesus Christus glaube und ihm nachfolge, das heißt die Liebe lebe, der sei nicht mehr „Sklave des Gesetzes", der tue gute Werke und halte die Gebote nicht um ihrer selbst willen, sondern der wisse um seine Unzulänglichkeit als Mensch und erfülle nun das Gesetz aus dem Glauben heraus und habe die unerschütterliche Hoffnung, daß ihn Gott durch seine grundlose Gnade errette.

Nahum:

Abram, du redest so begeistert.

Abram:

Das ist es doch, was mich so unruhig macht. Ich weiß, da rüttelt jemand an allem, was ich glaube; das stellt doch mein bisheriges Leben in Frage, denn es ist so faszinierend:
Ich weiß, daß das Gesetz nicht wie ein Schwert über mir schwebt, sondern die Gebote will man halten, weil man weiß, daß sie gut sind und das Chaos verhindern. Ich fühle mich dadurch freier, rechne nicht ständig Gut und Böse gegeneinander auf, sondern lebe aus einem Gefühl heraus, daß Gott mich trotzdem liebt und mir vergeben wird, weil ich an ihn glaube. Und so kann auch ich lieben – mich selbst und dadurch andere – und halte so auch die Gebote ein, allerdings fröhlicher und unbelasteter, nicht mit diesem ständigen Druck, etwas leisten zu müssen.

Nahum:

Das ist sehr viel gewesen, laß uns ein anderes Mal mehr darüber reden. Ich bin jetzt unsicher geworden, ich muß jetzt allein sein.

Abram versteht seinen Freund, ihm ging es ja ebenso. Wortlos verabschiedet er sich.

Antiochia – Keimzelle der Heidenmission

7 Ein junger Christ aus Jerusalem berichtet über seinen Besuch in Antiochia

Vieles hatte ich schon von dieser Stadt gehört, aber man muß sie wirklich selbst gesehen haben, um sich ein Bild zu machen. Wenn wir hier in Jerusalem meinen, wir würden in einer großen Stadt leben und könnten manchmal mit etwas Hochnäsigkeit auf die „Bauerntölpel" und einfachen Fischer aus Galiläa herabblicken, so muß man nur einmal nach Antiochia kommen, damit der Blickwinkel wieder stimmt. Antiochia ist nicht nur die Hauptstadt von Syrien und Kilikien, sondern nach Rom und Alexandria die drittgrößte Stadt der Welt. Über eine halbe Million Menschen leben hier, eine unvorstellbare Zahl. In den Straßen spürt man den Handel, Menschen aus aller Welt sind hier zu sehen. Antiochia hat noch am Meer eine Tochterstadt, Seleukia, wo sich der Hafen befindet. Viele hochgestellte Menschen müssen hier leben, denn immer wieder reiten Militäreskorten durch die Stadt. Ich habe bei meinem Onkel Joseph gelebt, der vor 15 Jahren von Jerusalem in die Diaspora geflohen ist, als der Hohe Rat die Stephanus-Leute verfolgen ließ. Er ist also auch ein Jude wie wir, der an Jesus als den auferstandenen Messias glaubt. Mein Onkel hat dort einen gutgehenden Tuchhandel, ist für unsere Verhältnisse sogar reich und hat mir viel über die jüdische Gemeinde in Antiochia erzählt. Die Synagogengemeinden dort haben um die 50 000 Mitglieder, dazu noch eine beträchtliche Menge „Gottesfürchtige". Das muß ich jetzt genau erklären, denn dort in der Diaspora ist einiges anders als bei uns.

Zur Synagogengemeinde gehören dort natürlich die Beschnittenen, die das Gesetz streng einhalten, die Tempelsteuer zahlen und wenn möglich zum Passah nach Jerusalem kommen. Sie treffen sich regelmäßig in der Synagoge und haben sogar die Tora, die Propheten und die Schriften in einer griechischen Übersetzung, weil das ihre Sprache ist. Dazu kommen, zahlenmäßig viel mehr als bei uns, noch die „Dazugekommenen", die Proselyten, die sich haben beschneiden lassen und damit gleichgestellt sind. Dann gibt es aber noch die vielen „Gottesfürchtigen". Auch sie halten die Gebote, glauben an den einen Gott Israels, zahlen für den Tempel, gehen in die Synagoge, aber opfern dürfen sie nicht. Sie haben sich auch nicht beschneiden lassen. Und in vielen jüdischen Häusern leben Heiden, die dort als Mitarbeiter in Handwerk und Handel gute Arbeit leisten und von den Juden geachtet werden, so wie diese auch unserer Religion Achtung zollen: Sie haben sich auf die Einhaltung der Speisegesetze verpflichtet, viele heiligen auch den Sabbat. Aber diejenigen, die sich wie wir zu Jesus Christus bekennen, sind in letzter Zeit ganz anders geworden. Gegründet wurde die Gemeinde von Flüchtlingen wie meinem Onkel Joseph. Heute hat sich aber eine große Gruppe selbständig gemacht. Die andern nennen sie „Christianer" (Apg. 11,26 b). An ihrer Spitze steht ein Mann namens Barnabas, ein Jude aus Zypern. Sein engster Vertrauter ist Paulus (Apg. 11,25), ein Zeltmacher aus Kilikien, der uns früher als Pharisäer verfolgt hat. Ursprünglich haben die beiden missioniert wie Petrus und die anderen: nur in den Synagogengemeinden. In der Diaspora war das gut möglich, und von den vielen „Gottesfürchtigen" haben sie einige getauft. Doch die beiden, vor allem Paulus, predigen, daß man ohne die Einhaltung des Gesetzes und allein durch den Glauben an unseren auferstandenen Herrn Jesus Christus gerecht werde. Dadurch haben sich in Antiochia viele, nicht nur „Gottesfürchtige", sondern vor allem richtige Heiden taufen lassen (Apg. 11,20 f). Die sind bei den „Christianern" in Antiochia uns völlig gleichgestellt, obwohl sie nicht den Sabbat heiligen, sogar unreine Speisen essen und auch nicht beschnitten sind. Jetzt reisen Barnabas und sein 1. Gehilfe schon in Zypern und anderswo umher, taufen und gründen Gemeinden vorwiegend aus Heiden (Apg. 13 – 14).

Mein Onkel Joseph sagt, daß sich das Jakobus, der Bruder Jesu, als Leiter unserer Urgemeinde in Jerusalem und auch ein Mann wie Petrus nicht länger untätig ansehen dürfen, sonst verunsichern Barnabas und Paulus noch alle frommen Menschen, die an Christus glauben, und spalten so die Gemeinde in verschiedene Gruppen.

Wegweiser für die Zukunft: Der Apostelkonvent

8 Gemeindeversammlung in Antiochia im Jahre 48 n. Chr.

Barnabas, Paulus und Titus sitzen hinter einem Tisch. Die Gemeinde ist dem Versammlungsaufruf von Barnabas und Paulus zahlreich gefolgt. Als Barnabas sich erhebt, stellen die versammelten Gemeindemitglieder ihr Gemurmel ein und hören aufmerksam zu.

Barnabas:
   Liebe Brüder und Schwestern, ich danke euch herzlich, daß ihr so zahlreich der Einladung gefolgt seid, um euch mit uns in dieser wohl wichtigsten Frage für unsere Gemeinde zu beraten. Ihr wißt wohl alle, welchen Streit Paulus und ich in den letzten Tagen mit Jerusalemer Brüdern hatten, die uns vorwerfen, das Evangelium falsch auszulegen, und die die alte Forderung nach der Beschneidung wieder erhoben haben (vgl. Apg. 15,1 f). Paulus gibt euch nun einen kurzen Bericht (vgl. Gal. 2,4).

Paulus:
   Es kamen „falsche Brüder" aus Jerusalem zu uns, um uns auszuspionieren, wie wir die Freiheit vom Gesetz verkündigen, um uns wieder unter die Knechtschaft des Gesetzes zu bringen. Sie bestehen auf der Einhaltung der jüdischen Speisegesetze etc. und vor allem auf der Beschneidung als Grundlage für die Zugehörigkeit zur Gemeinde Christi. Natürlich ist für sie nicht der Glaube an unseren Herrn Jesus Christus allein, sondern vor allem die Einhaltung der Tora Grundlage für die Erlangung des Heils. Ich bin mir sicher, daß diese „fal-

schen Brüder" nicht offizielle Gesandte der Gemeinde in Jerusalem sind, sondern Vertreter einer Gruppe dort, die das Rad der Zeit in Antiochia um zehn Jahre zurückdrehen will. Gott hat mir seinen Willen offenbart (vgl. Gal. 2,2), daß wir nach Jerusalem gehen sollen, um dort die Sache endgültig zu klären.

Barnabas:
   Dazu haben wir euch heute zu uns gebeten, um mit euch unsere Forderungen, die wir in Jerusalem erheben wollen, zu beraten. Paulus wird euch nun diese Forderungen vortragen; im Anschluß daran bitten wir euch um eure Stellungnahmen.

Paulus:
   Wir erheben folgende, aus dem Evangelium erwachsende Forderungen:
   1. Der Mensch wird allein aus dem Glauben an Jesus Christus, unseren Herrn, gerecht und bedarf dazu nicht des jüdischen Gesetzes. Wer glaubt, wird nicht aus Werken des Menschen gerecht, sondern aus göttlicher Gnade.
   2. Darum ist auch die Taufe allein das sichtbare Zeichen, mit der jeder, gleich welcher Herkunft, in die Gemeinschaft Christi aufgenommen wird. Es bedarf also nicht der zusätzlichen Beschneidung für Nichtjuden, gleichwohl bleibt der Weg für Juden zu uns immer offen.
   3. Daraus folgt die uneingeschränkte Gleichberechtigung von getauften Juden wie Heiden. Als deren äußerlich sichtbares Zeichen wird der Bruder Ti-

tus als unbeschnittener Grieche gleichberechtigt unserer Delegation angehören.

4. Wir fordern die uneingeschränkte Annahme unserer Forderungen, denn jedwede Auflage würde das zunichte machen, wofür wir hier und anderswo (vgl. Gal. 2,2) eingetreten sind.

In der Versammlung kommt starker Beifall auf.

Barnabas:
Ich danke euch für eure Zustimmung. Doch stellt jetzt frei und offen Fragen.

Philo:
Paulus, ich habe eine Frage an dich. Mitunter wurden in der Vergangenheit Stimmen aus Jerusalemer Kreisen laut, daß du für die Apostel dort kein gleichberechtigter Partner bist, weil du unseren Herrn nicht zu Lebzeiten gekannt hast. Befürchtest du diese Vorwürfe wiederum?

Paulus:
Ich kann sie nicht ausschließen, aber ich werde darauf antworten wie bisher: mich hat unser auferstandener Herr selbst vor nunmehr eineinhalb Jahrzehnten vor Damaskus berufen und mich vom Verfolger der Gemeinde Christi zum Verfechter seiner Sache werden lassen (vgl. Gal. 1,12 ff). Gott achtet nicht das Ansehen der Person (vgl. Gal. 2,6), sondern allein den Glauben. So bin ich denn genauso auserwählt wie die, die den Herrn als Menschen kannten.

David:
Ihr wißt, ich trage den Namen des Königs von Juda, des Vorfahren unseres Herrn. Und ihr kennt mich als Juden, der alle vorgetragenen Forderungen bedingungslos anerkennt. Aber bedenkt auch, was sie für die Jerusalemer Gemeinde bedeuten:

Ihr fordert, daß sie lernen, sich selbst neu zu verstehen. Sie sehen sich doch als das „wahre Israel", das den Messias erkannt hat und von dem die Neuerung und Reinigung des Judentums auszugehen hat. Wenn sie unseren Forderungen zustimmen, bedeutet das, daß sie etwas völlig Neues anerkennen, was ihnen fremd sein muß. Das ist viel verlangt, fordert große Einsicht und Brüderlichkeit.

Barnabas:
Du hast recht, David. Aber wir sehen keinen anderen Weg.

Paulus:
Ihr wißt vielleicht, daß ich vor vierzehn Jahren für zwei Wochen bei Petrus in Jerusalem zu Gast war. Auch lernte ich Jakobus, den Bruder des Herrn, kennen (vgl. Gal. 1,18 f). Wenn Petrus sich nicht gewandelt hat, so glaube ich gerade in ihm einen Fürsprecher für unsere Sache vermuten zu können. Auch er soll ja im Umgang mit „Gottesfürchtigen" sehr großzügig sein und Ausnahmen machen (vgl. Apg. 10). Darum kann aus der Ausnahme die Regel werden.

Nikos:
Verzeiht, daß ich als ein erst seit wenigen Tagen Getaufter schon meine Stimme in dieser Versammlung erhebe. Doch ich verstehe nicht, warum die Beschneidung eine solche Rolle spielt. Ich habe früher fremde Götter verehrt und fand zu euch, weil bei euch allein der Glaube und nicht die Herkunft zählt. Doch was wäre, wenn wegen Menschen wie mir die Einheit der Gemeinden zerbräche? Ich, und vielleicht auch andere Brüder, wären dann wohl dazu bereit, als Zeichen des Entgegenkommens den schmerzhaften Akt der Beschneidung über sich ergehen zu lassen.

Paulus:

Dein Angebot, Nikos, ehrt dich, aber wir könnten es auf keinen Fall annehmen. Denn der Akt der Beschneidung ist mehr als das Entfernen eines Stückes Haut am Glied des Mannes, auch mehr als eine seit Abraham überlieferte Sitte. Die Beschneidung ist das „Siegel der Erwählung", wie sie ein jüdischer Gelehrter nannte, das Bekenntnis und Gehorsam gegenüber dem jüdischen Gesetz und damit auch die Absonderung von der nichtjüdischen Umwelt einschließt. Und dies widerspricht dem Evangelium völlig.

Joel:

Ich bin wie David jüdischer Herkunft und habe gute Kontakte zu Verwandten und Freunden, die in Jerusalem leben und sich wie ich zu Jesus Christus bekennen. Sie drückt eine brennende Frage, die für uns längst kein Thema mehr ist. Sie fühlen sich noch an die Gesetze der Tora gebunden, die eine Tischgemeinschaft ausschließen, bei der nicht sichergestellt ist, daß reine Speisen gereicht werden. Sollen wir für diese ernsthaften Bedenken dieser frommen Menschen nicht einen Kompromiß schließen, der es möglich macht, daß wir alle vereint so miteinander das gemeinsame Mahl einnehmen können, wie es unser Herr mit seinen Jüngern tat?

Paulus:

Auch hier bedarf es keines Kompromisses, denn allein der Glaube, wie wir das Herrenmahl feiern, ist wesentlich – und nicht die Herkunft der Speisen, mit denen der Tisch des Herrn gedeckt wird.

Barnabas:

Ich glaube, der Worte sind genug gewechselt. Ich bitte euch, auch im Namen von Paulus und Titus, uns zu bevollmächtigen, die vorgetragenen Forderungen in Jerusalem durchzusetzen.

Die Versammlung nimmt den Antrag an und feiert gemeinsam einen Gottesdienst.

Paulus – im Auftrage Christi unterwegs

9 Reisen damals – Reisen heute

Ein Geschäftsführer eines Reiseunternehmens berichtet:

Wir haben uns auf den östlichen Mittelmeerraum, also Griechenland, Türkei, Zypern und den Nahen Osten spezialisiert. Im Nahen Osten bieten wir lediglich Ägypten und Israel als touristische Ziele an, bei Studienreisen gibt es auch eine Kombination von Syrien, Jordanien, Israel und der Halbinsel Sinai. Diese Angebote richten sich, ebenso wie unsere Kreuzfahrten im östlichen Mittelmeer, nur an ein spezielles Publikum, das neben Interessen auch die notwendigen finanziellen Mittel hat. Zudem ist das Gebiet politisch krisenanfällig und somit nicht ohne Risiko. Allein der Krieg im Irak 1991 brachte uns hohe Verluste wegen abgesagter Reisen.

Griechenland und – in den letzten Jahren stark im Kommen – die Türkei sind bei einem breiten Publikum immer beliebter geworden. Für die Ziele an der West- und Südküste der Türkei bieten wir vor allem Charterflüge von allen größeren deutschen Flughäfen an, die in durchschnittlich gut drei Stunden die Urlauber an die Zielorte bringen, wo sie nie länger als eine Stunde für den Bustransfer ins Hotel benötigen.

Für Griechenlandurlauber sind neben dem Festland (vor allem Athen) die Inseln der Ägäis beliebte Ziele. Die größten Inseln, also Kreta, Rhodos, Lesbos und einige andere mehr, sind in der Hauptreisezeit direkt mit Charterflug erreichbar. Aber am meisten verkaufen wir Reisen, die zuerst nach Athen führen (nur gut zwei Stunden Flugzeit ab München). Von dort geht es per Inlandflug oder meistens mit der Fähre weiter. In der Ägäis gibt es ein ausgezeichnetes Fährenliniennetz, das die Inseln untereinander und mit dem Festland verbindet. Neben riesigen Autofähren verkehren in bestimmten Gebieten sehr schnelle Tragflächenboote. Zur Hauptreisezeit sind aber häufig viele Fähren ausgebucht. Auch bei modernster Technik kommt es regelmäßig, vor allem in den Übergangsjahreszeiten und im Winter, vor, daß wegen schlechten Wetters (Stürme) der Fähr- und Flugverkehr zwischen den Inseln und zum Festland eingestellt werden muß. Aber selbst im Hochsommer laufen die kleineren Fähren und die Ausflugsboote mitunter nicht aus, weil die Winde auf See so stark wehen. So erreichen uns mitunter Klagen von Urlaubern, die von der Kykladeninsel Mykonos tagelang vergeblich versucht haben, die Ausgrabungsstätten auf der benachbarten Insel Delos zu erreichen. Sie können nicht verstehen, daß an Land zwar „Traumwetter" herrscht, jedoch auf See die Winde so stark wehen, daß die Gefahr für die Boote zu groß wäre.

*Ein Historiker berichtet:**

Das Römische Reich verfügte über ein ausgezeichnetes Straßennetz, das vor allem die Verbindung zwischen der Hauptstadt und den Zentren der Provinz garantierte. Meilensteine dienten zur Orientierung auf den befestigten Straßen mit nahezu schnurgerader Trassenführung. Die meisten Menschen reisten zu Fuß, nur Wohlhabende mit dem Wagen oder per Pferd. Zu Fuß ließen sich 25 – 30 km am

Tag gut bewältigen, mit einem Wagen schaffte man knapp 40 km, Reiter konnten es sogar auf 75 km bringen. Trotz ständiger Präsenz von bewaffneten Soldaten auf den Straßen kam es immer wieder zu Überfällen von Wegelagerern, die vor allem Einzelreisenden und kleinen Gruppen auflauerten.

Im östlichen Mittelmeer konnten zudem Reisende auf Frachtschiffen der Handelsflotte mitfahren. So sparte man erheblich Zeit, denn die bis zu 50 Meter langen Einmaster mit einem einzigen großen Segel erreichten bei günstigen Windverhältnissen flotte Geschwindigkeiten. Allerdings kam es bei starkem Wind häufig zu Schiffsunglücken; die Ägäis birgt heute noch die Wracks vieler gesunkener Schiffe. Im Winter wurde vier Monate lang wegen der Sturmgefahr die Schiffahrt eingestellt, und lediglich von Ende Mai bis Mitte September herrschte regelmäßiger Schiffsverkehr.

* In Anlehnung an RL – Zeitschrift für Religionsunterricht und Lebenskunde 3/1984, S. 18, nach: STATIONEN 9; S. 18

10 Die Mission des Apostels Paulus im Überblick

Das missionarische Wirken des Apostels Paulus läßt sich recht gut beschreiben, obwohl es keine richtige Biographie dafür gibt. Es ist vielmehr der fleißigen, an die Arbeit von Detektiven erinnernden Forschungstätigkeit vieler Wissenschaftler zu verdanken, die die Apostelgeschichte, die Briefe des Apostels und viele andere historische Quellen genau verglichen und so ausgewertet haben, daß wir heute die Angaben bis auf die Jahreszahl ziemlich exakt angeben können. Dabei ist immer die „Gallio-Notiz" aus Apg. 18 (vgl. Mat. 1) der „Anker" der Berechnungen.

Nach seiner Berufung vor Damaskus im Jahre 32 missionierte Paulus zuerst in der Provinz Arabia und besuchte anschließend Petrus privat in Jerusalem und blieb für 14 Tage bei ihm. Nach eigenen Angaben war er dann in den Jahren 34 – 36 in seiner Heimat und deren Umgebung, also in Kilikien und Syrien, tätig. Dann holte ihn, wahrscheinlich im Jahre 36, Barnabas nach Antiochia, wo er bis 49 blieb. Diese 13 – 14 Jahre sind sein längster zusammenhängender Lebensabschnitt als Christ, über den wir Bescheid wissen. Hier war er bis zum Apostelkonvent im Jahre 48 die „rechte Hand" von Barnabas. Wahrscheinlich im Jahr darauf kam es zum Streit mit Petrus, als dieser Antiochia besuchte. Nach einem Zerwürfnis mit Barnabas beginnt in diesem Jahr die eigenständige Missionsarbeit des „Völkerapostels" Paulus.

In den Jahren 49 – 50 reist er dann nach Korinth. Sein Weg führt ihn dabei über Galatien, Philippi und Thessaloniki in diese bedeutende Hafenstadt in Griechenland. Bei diesem ersten Besuch gründet er die dortige Gemeinde, zu der er noch zweimal zurückkehrt. In dieser Zeit (50 – 52) wird er dem Gallio vorgeführt, und er schreibt den ersten Brief, der uns überliefert und somit das älteste Buch des Neuen Testamentes ist: Den ersten Brief

24

an die Gemeinde in Thessaloniki (1. Thessalonicherbrief).

In den Jahren 52–55/56 hält sich der Apostel in Ephesus (Westküste der heutigen Türkei) und der Provinz Asia auf. Er besucht zuerst erneut die Gemeinden in Galatien, schreibt im Jahre 54 seinen ersten Brief an die von ihm gegründete Gemeinde in Korinth. Danach wird ein Zwischenbesuch in dieser problematischen Gemeinde notwendig. Noch im gleichen Jahr, wohl nicht lange nach seiner Rückkehr, schreibt er einen weiteren Brief an die Korinther, der als „Tränenbrief" ein Teil des von späteren Überlieferern zusammengefaßten 2. Korinther-Briefes ist. In den Jahren 54/55 wird Paulus in Ephesus inhaftiert, es droht ihm u. U. sogar die Todesstrafe. Aber die Haftbedingungen sind für die Verhältnisse einigermaßen erträglich, und über Besuche von Freunden kann er auch Kontakt zu den Gemeinden halten. In dieser Gefangenschaft schreibt er an Philemon und den „Gefangenschaftsbrief" an die Gemeinde in Philippi. Nach seiner Haftentlassung reist er in den Jahren 55/56 erneut nach Korinth. Der Weg führt ihn über Troas und Makedonien, unterwegs richtet er aufgrund beunruhigender Nachrichten seinen Brief an die Gemeinden in Galatien. Ebenso dürfte auf dieser Reise das als „Versöhnungsbrief" des 2. Kor. bezeichnete Schreiben verfaßt worden sein, das er vorab an die zu besuchende Gemeinde in Korinth schickte. Doch das Jahr 56 bringt uns noch einen dritten und seinen längsten uns überlieferten Brief: während des ungefähr dreimonatigen Aufenthaltes in Korinth entstand der Brief an die Gemeinde in Rom.

Anlaß dieser Reise war wohl die im Apostelkonvent erwähnte Kollekte für die Gemeinde in Jerusalem, wo er von Korinth aus hinreist. In den Jahren 57/58 hat er dann anläßlich der Übergabe der Kollekte Jerusalem ein drittes Mal besucht. Hier wird er verhaftet und (per Schiff) nach Rom überführt. Nun werden die Jahresangaben unsicherer. Es ist anzunehmen, daß er als Gefangener 58–60 in die Hauptstadt des Reiches gebracht wurde und dort ca. in den Jahren 60–62 während der Christenverfolgungen Kaiser Neros als Märtyrer starb.

Paulus organisiert Gemeinden

11 Pressekonferenz mit Paulus

Hätte es zur Zeit des Apostels Paulus schon eine so ausgeprägte „Medienlandschaft" wie heute gegeben, hätte er sie sicher als Chance für seine Mission genutzt. Er hätte wohl Interviews und Pressekonferenzen gegeben, wäre in Talk-Shows aufgetreten und hätte sich in Fernsehdiskussionen mit seinen Gegnern gestritten. Dieser Text greift diese Möglichkeit auf und schildert eine Pressekonferenz mit Paulus, wie sie nach heutigem Muster vorstellbar wäre, im Jahre 58 in Jerusalem. Ihr werdet um die Phantasie gebeten, Euch vorzustellen, wie es gewesen wäre, wenn ...

Reporter 1:

Herr Apostel Paulus, nach zehn Jahren sind Sie wieder nach Jerusalem gekommen. Was hat Sie hierher geführt?

Paulus:

Ich habe vor zehn Jahren hier in Jerusalem die Verantwortung für die Mission unter den Nichtjuden erteilt bekommen und versprochen, bei der Mission eine Kollekte für die Armen in Palästina zu sammeln. Jetzt konnte ich mein Versprechen einlösen und der Gemeindeleitung hier einen ansehnlichen Betrag übergeben. Haben Sie bitte Verständnis dafür, daß ich in der Öffentlichkeit keine Zahlen nennen will.

Reporter 2:

Wenn die Kollekte so reichlich ausfiel, so deutet dies doch auf beträchtliche Missionserfolge hin.

Paulus:

Ihre Annahme ist richtig. Meine vielen Reisen, die mit schweren Strapazen und Gefahren für Leib und Leben – auch für meine Mitarbeiter – verbunden waren, haben viele Gemeinden entstehen lassen. Herausheben möchte ich dabei die Gemeinden in Korinth, Thessaloniki, Philippi, Ephesus und die in der Provinz Galatien. Zudem gibt es ja auch noch weitere Gemeinden, die von Mitarbeitern und natürlich von der Missionsgruppe des Petrus gegründet wurden. Das Christentum ist schon eine gewisse Größe im östlichen Mittelmeer, ja sogar in der Hauptstadt Rom.

Reporter 3:

Wie schaffte man solch einen großartigen Erfolg in so kurzer Zeit?

Paulus:

Ich glaube, es war richtig, Schwerpunkte zu setzen. Meine Mission konzentrierte sich vor allem – mit Ausnahme von Galatien – auf die großen Städte. Als Städter und Handwerker habe ich da eher Zugang zu den Menschen gefunden als auf dem dünnbesiedelten Land. Ist der Samen erst gesät, trägt er auch Früchte und verbreitet sich von selbst weiter, wenn er auf fruchtbaren Boden fällt und Gott ihn wachsen läßt. In den Städten konnte ich recht gut die Voraussetzungen finden, die eine Gemeinde braucht. Ich fand immer Menschen, die ihre Häuser der Sache Christi zur Verfügung stellten. Schließlich verfügen wir – noch – nicht über ein Netz eigener Versammlungsstätten wie die Synagogengemeinden.

Byzantinische Ikone „Paulus"

Reporter 1:

Gestatten Sie eine Zwischenfrage? – Wie organisiert man den Kontakt mit Gemeinden, die so weit auseinanderliegen?

Paulus:

Das wollte ich gerade anfügen. Wenn man wie ich nur wenig Zeit hat, der Welt das in Christus offenbarte Heil zu predigen, darf man nicht als „Ein-Mann-Betrieb" arbeiten. Ich versuche natürlich zunächst, eine Gemeinde zu gründen. Bei den Reisen begleiten mich stets Mitarbeiter. Teilweise gewinne ich diese selbst, andere werden mir von den Gemeinden zur Verfügung gestellt. Meine Mitarbeiter kann ich nun dorthin senden, wo sie gebraucht werden. Sie sind dabei selbständig und nur dem Evangelium verantwortlich. Ohne sie wäre all das Erreichte nicht möglich gewesen. Zudem kann ich mich neben eigenen Besuchen, z. B. war ich insgesamt dreimal in Korinth, ja noch in Briefen an die Gemeinden wenden.

Am wichtigsten aber ist, daß man von Anfang an den Gemeinden Selbständigkeit und Verantwortung im Geiste von Glaube, Hoffnung und Liebe zutraut. Sie sind für mich der Leib Christi, der viele Glieder hat. Sie sind auch nicht *meine* Gemeinden, sondern sie sind Gemeinden derer, die auf den Namen Christi getauft sind.

Reporter 4:

Wie finanziert man solch eine Mission? Ist es richtig, daß Sie für Ihren Lebensunterhalt immer selbst sorgen?

Paulus:

Ja und nein! Grundsätzlich bin ich der Meinung, daß ein Apostel oder ein Missionar seinen Lebensunterhalt selbst bestreiten und nicht Gemeinden zur Last fallen sollte. Ich als Handwerker kann das in den Städten unserer Welt recht gut und habe es meistens getan. Aber ich habe auch Kollekten von Gemeinden angenommen, wenn es notwendig war. Die Gemeinde in Korinth hat meine Haltung wohl bis heute nicht ganz verstanden und sie als Ablehnung ihrer Gastfreundschaft mißverstanden. Ich habe nur etwas gegen solche sogenannten Apostel, die meinen, man müsse um jeden Preis von den Gemeinden ausgehalten werden. Diese Wanderprediger behaupten ja, wer arbeite und für seinen Lebensunterhalt sorge, könne den Dienst am Evangelium nicht versehen und sei gar kein Apostel. Dagegen habe ich mich gewehrt und werde ich mich immer mit Macht wehren! Entschuldigen Sie bitte meine Erregung. ... Die Gemeinden finanzieren ihre Mission und auch die Mitarbeiter, die sie aussenden oder zur Verfügung stellen, aus Spenden.

Reporter 3:

Solche Spenden lassen auf reiche Gemeinden schließen. Stehen dann auch die Reichen an der Spitze der Gemeinde?

Paulus:

Erstens: Unsere Gemeinden haben Mitglieder aus allen Gesellschaftsschichten. Wir schließen niemanden wegen seiner Herkunft aus – also auch nicht Wohlhabende. Zweitens: Die Wohlhabenden stellen ihre Häuser für die Versammlungen, vor allem also für Gottesdienste und Beratungen, zur Verfügung. Dadurch gebührt ihnen der Dank und die Achtung für die Gastgeber, das gibt ihnen aber keine Vorrechte in der Gemeinde. Überhaupt sind die wenigen Ämter, die wir haben und die ich hier nicht näher erläutern will, grundsätzlich von jedem versehbar und sollten auch abwechselnd ausgeübt werden. Wichtig ist, daß die Gemeinde lebt und Seelen gewinnt, die bald, wenn der Herr zum Gericht kommt, gerettet sind!

Reporter 2:

Unsere Leser interessiert auch, wie solche Gottesdienste ablaufen. Man hat da so viel Geheimnisvolles gehört und weiß nichts Genaues; auch Streit soll es schon gegeben haben.

Paulus:

Bitte haben Sie Verständnis dafür, daß dies die letzte Frage ist, die ich Ihnen heute beantworten kann, da mein Mitarbeiter mir signalisiert, daß wir weiter müssen.

Wir treffen uns regelmäßig, vor allem am Wochentage der Auferstehung unseres Herrn, dem Sonntag, mitunter auch zusätzlich in der Woche. Manche Gottesdienste dienen nur der Auslegung des Wortes, andere enthalten zusätzlich die Taufe und das Herrenmahl. Ich weiß, das ist etwas verwirrend für Sie. Es gibt ja auch schon verschiedene Formen in den Gemeinden.

Am besten ist es wohl, wenn ich Ihnen das Herrenmahl schildere, wie es die Gemeinde in Korinth feiert. Zum Herrenmahl sind nur Getaufte zugelassen. Es erinnert an die Mahlgemeinschaft, die Christus als Mensch mit seinen Jüngern und vor allem auch mit denjenigen hielt, die in der Gesellschaft nichts galten. Wenn die Gemeinde heute das Herrenmahl in seinem Sinne feiert, dann ist der Auferstandene bei ihnen. In Korinth findet sich die Gemeinde deshalb zuerst zu einem gemeinsamen Abendessen zusammen. Ein Tisch in einem Raum ist dafür gedeckt mit dem, was für alle mitgebracht wurde. Man ißt gemeinsam, wenn es sein muß halt in „Schichten" nacheinander. Dieses Essen dient sehr der Gemeinschaft untereinander, so wie das gemeinsame Mahl in der Familie. Danach folgt das Herrenmahl, das die Gemeinschaft mit Christus stiftet. Die Gaben werden durch die Einsetzungsworte – bitte lesen Sie die Einzelheiten in meinen Briefen nach – zu etwas Besonderem, in dem Christus verkörpert ist. Durch die Einsetzungsworte geschieht etwas Wunderbares, denn Brot ist nun für uns nicht mehr nur ein Produkt aus Mehl, Wasser und Zutaten, sondern wird „Leib Christi". Gleiches gilt für den Wein im Kelch, der zu Christi Blut wird. Doch um Genaueres zu sagen, bedürfte es wohl eines ganzen Tages.

Reporter 2:
Noch ein Wort zum Streit, bitte!

Paulus:
Ja, natürlich. Beim gemeinsamen Essen gab es in Korinth einmal Probleme, die auch das danach folgende Herrenmahl belasteten. Es wurde bei diesem „Sättigungsmahl" nicht christlich, d. h. ehrlich geteilt. Statt gemeinsam zu essen, aß da wohl jeder nebeneinander seine von ihm mitgebrachte Portion für sich. Ich fand das unmöglich, habe es den Korinthern auch deutlich genug geschrieben. Die Sache ist jetzt – im wahrsten Sinne des Wortes – vom Tisch.
Ich muß nun leider schließen und bedanke mich herzlich für Ihr Interesse. Für weitere Fragen steht Ihnen noch mein Mitarbeiter zur Verfügung.

Die Informationen in dieser Pressekonferenz waren sehr ausführlich. Ein Pressebericht, der zu allen Fragen Stellung beziehen würde, wäre auch nicht übersichtlich. Deshalb sollt Ihr nun den Text so auswerten, daß Ihr verschiedene kurze Berichte zu den folgenden Leitfragen schreibt:
- *Wie hält Paulus Kontakt zu seinen Gemeinden?*
- *Wie finanziert Paulus seinen Lebensunterhalt und seine Mission?*
- *Wie sind die Gemeinden der Christen organisiert, wer gehört ihnen an?*
- *Welche Schwerpunkte setzt Paulus bei seiner Mission?*
- *Wie feiert die Gemeinde in Korinth das Herrenmahl?*
- *Was können die Christen heute von den Gemeinden damals lernen?*
Ihr könnt Eure Berichte auch durch Zeichnungen und Schaubilder ergänzen.

Paulus predigt die Brüderlichkeit

12 Don Pedro muß sich entscheiden

Don Pedro ist Priester und seit Jahren Missionar in Lateinamerika. Rastlos ist er umher gezogen und hat viele Menschen zum Christentum bekehrt. Mit den Staatsorganen kam er dabei öfter in Konflikt, er kennt Gefängnisse in Militärdiktaturen und hat die Folter oft genug am eigenen Leibe verspürt. Derzeit haben ihn die Polizeiorgane wieder einmal festgesetzt, nicht im Gefängnis, aber er darf bis zum Prozeß mit ungewissem Ausgang – vom Freispruch bis zur Todesstrafe ist alles möglich – seine Missionsstation Nueva Ephesa nicht verlassen. Doch einige Gefährten dürfen ihn besuchen; er kann auch Briefe schreiben, wie er es schon oft getan hat.

Diego Pereira ist ein wohlhabender Geschäftsmann in der Provinz, in der auch Nueva Ephesa liegt. Don Pedro hat ihn selbst bekehrt, und Diego Pereira ist nicht nur ein frommer, sondern auch ein sehr engagierter Christ geworden. Auf seinem Anwesen trifft sich regelmäßig die Gemeinde zu Gottesdiensten. Senor Pereira fördert mit allen – auch großzügigen finanziellen – Mitteln die Gemeinde, für die er als eine Art Vorsteher tätig ist. Zu Don Pedro hat er ein sehr gutes freundschaftliches Verhältnis, das tief im Glauben an Christus und in der Bewunderung für das Wirken des Missionars begründet ist.

Diego Pereira ist aber auch ein geschäftstüchtiger Mann, der mit beiden Beinen im Leben steht. Seinen vielen Bediensteten gegenüber gilt er als gerechter Arbeitgeber, der ihnen einen Mindestlohn garantiert, der gerade so zum Leben reicht. Im Vergleich zu den vielen Arbeitslosen und Obdachlosen im Lande, besonders zu den Unglücklichen in den Elendsvierteln der Großstädte, geht es Pereiras Leuten gut, obwohl er sie mit langfristigen, nur von ihm einseitig kündbaren Verträgen an sich gebunden hat. Wird ein Arbeitnehmer vertragsbrüchig, so kann er ihn polizeilich suchen und richterlich bestrafen lassen.

Armando arbeitet in Pereiras Drugstore. Eines Tages hat er die Nase voll von seinem Dasein und verschwindet mit den Tageseinnahmen seiner Arbeitsstätte in die Nachbarstadt. Nach einiger Zeit ist das Geld ausgegeben, keine Arbeit und keine Wohnung gefunden worden. Völlig pleite und hilflos kommt er in Don Pedros Missionsstation an. Er kennt den Priester aus Senor Pereiras Haus, hat viel Gutes über ihn gehört und weiß, daß er Einfluß auf seinen ehemaligen Arbeitgeber hat.

Don Pedro redet lange mit Armando und freundet sich mit ihm an. Nach ein paar Tagen läßt sich Armando sogar von ihm taufen und feiert mit den Bewohnern der Mission das Abendmahl. Doch Don Pedro muß sich nun entscheiden. Er grübelt lange: Pereira ist sein Freund; Armando, der vertragsbrüchige Dieb, auch. Und wer Rechtsbrechern bei der Flucht hilft, dem drohen schwere Strafen, gerade wenn man selbst festgesetzt ist und auf seinen Prozeß wartet. Was tun?

Anschrift und Gruß: 1–3
1 Paulus, Gefangener Christi Jesu, und der Bruder Timotheus an unseren geliebten Mitarbeiter Philemon, 2 an die Schwester Aphia, an Archippus, unseren Mitstreiter, und an die Gemeinde in deinem Haus: 3 Gnade sei mit euch und Friede von Gott, unserem Vater, und dem Herrn Jesus Christus.

2: Kol 4, 17 / 3: Röm 1,7.

Dankgebet des Apostels: 4–7
4 Ich danke meinem Gott jedesmal, wenn ich in meinen Gebeten an dich denke. 5 Denn ich höre von deinem Glauben an Jesus, den Herrn, und von deiner Liebe zu allen Heiligen. 6 Ich wünsche, daß unser gemeinsamer Glaube in dir wirkt und du all das Gute in uns erkennst, das auf Christus gerichtet ist. 7 Es hat mir viel Freude und Trost bereitet, daß durch dich, Bruder, und durch deine Liebe die Heiligen ermutigt worden sind.

Fürsprache für Onesimus: 8–20
8 Obwohl ich durch Christus volle Freiheit habe, dir zu befehlen, was du tun sollst, 9 ziehe ich es um der Liebe willen vor, dich zu bitten. Ich, Paulus, ein alter Mann, der jetzt für Christus Jesus im Kerker liegt, 10 ich bitte dich für mein Kind Onesimus, dem ich im Gefängnis zum Vater geworden bin. 11 Früher konntest du ihn zu nichts gebrauchen, doch jetzt ist er dir und mir recht nützlich. 12 Ich schicke ihn zu dir zurück, ihn, das bedeutet mein eigenes Herz. 13 Ich würde ihn gern bei mir behalten, damit er mir an deiner Stelle dient, solange ich um des Evangeliums willen im Gefängnis bin. 14 Aber ohne deine Zustimmung wollte ich nichts tun.

Deine gute Tat soll nicht erzwungen, sondern freiwillig sein. 15 Denn vielleicht wurde er nur deshalb eine Weile von dir getrennt, damit du ihn für ewig zurückerhältst, 16 nicht mehr als Sklaven, sondern als weit mehr: als geliebten Bruder. Das ist er jedenfalls für mich, um wieviel mehr dann für dich, als Mensch und auch vor dem Herrn. 17 Wenn du dich mir verbunden fühlst, dann nimm ihn also auf wie mich selbst! 18 Wenn er dich aber geschädigt hat oder dir etwas schuldet, setz das auf meine Rechnung! 19 Ich, Paulus, schreibe mit eigener Hand: Ich werde es bezahlen – um nicht davon zu reden, daß du dich selbst mir schuldest. 20 Ja, Bruder, um des Herrn willen möchte ich von dir einen Nutzen haben. Erfreue mein Herz; wir gehören beide zu Christus.

10: 1 Kor 4,15; Kol 4,9 / 16: 1 Kor 7,22 / 19: 1 Kor 16,21.

Grüße und Segen: 21–25
21 Ich schreibe dir im Vertrauen auf deinen Gehorsam und weiß, daß du noch mehr tun wirst, als ich gesagt habe. 22 Bereite zugleich eine Unterkunft für mich vor! Denn ich hoffe, daß ich euch durch eure Gebete wiedergeschenkt werde. 23 Es grüßen dich Epaphras, der mit mir um Christi Jesu willen im Gefängnis ist, 24 sowie Markus, Aristarch, Demas und Lukas, meine Mitarbeiter. 25 Die Gnade Jesu Christi, des Herrn, sei mit eurem Geist!

23: Kol 4,7–14 / 25: Gal 6,18.

16 als Mensch und auch vor dem Herrn, wörtlich: im Fleisch und im Herrn.

20 Vermutlich ein Wortspiel mit dem Namen „Onesimus", das heißt „der Nützliche".

Die Sklaverei war in der Antike weit verbreitet und seit den Anfängen der Menschheit üblich. Selbst in einem so zivilisierten Staat wie den USA erreichte sie im vorigen Jahrhundert eine traurige Blütezeit und wurde endgültig erst 1865 durch Abraham Lincoln abgeschafft. Erst im 20. Jahrhundert wurde die Sklaverei menschenrechtlich geächtet, gleichwohl erinnern nicht nur die Verhältnisse in vielen Ländern der Dritten Welt und sog. „Schwellenländern", sondern auch manche Praktiken des illegalen und halblegalen Arbeitsmarktes in Industrienationen an längst überwundene Formen der Sklaverei.

Im römischen Weltreich schätzte man die Zahl der Sklaven mitunter auf sogar 60 Millionen, und auch in vielen christlichen Häusern z. Zt. der Mission des Paulus sind Sklaven anzutreffen (außer bei Philemon noch mit Sicherheit in Korinth) und auch zum Christentum übergetreten. Das Römische Recht setzte die Sklaven dem Vieh, dem Ackergerät oder anderen Werkzeugen gleich. Der Sklave wurde danach nicht als Person betrachtet, sondern als eine Sache, über die der Eigentümer nach freiem Ermessen entscheiden konnte. Die Stellung außerhalb jeglichen menschlichen Rechts schloß somit auch die willkürliche Behandlung durch den Eigentümer ein: Sklaven besaßen kein Recht auf Leben, durften geschlagen und mißhandelt werden; Sklavinnen wurden auch häufig von ihrem Herrn sexuell mißbraucht. Einen Ausweg aus der Sklaverei bedeutete nur der Freikauf (z. B. durch Verwandte oder Gönner) oder die Freilassung durch den Eigentümer. Aber vielen Freigelassenen ging es nur noch schlechter als vorher, da sie keine Arbeit fanden und ihnen jetzt das Existenzminimum fehlte.

Im Mittelpunkt stand deshalb für viele Sklaven nicht die Freilassung, obwohl es auch Sklavenaufstände (Spartacus) gab, sondern die Behandlung durch ihre Herrn. Viele Römer und Griechen pflegten auch aus ihrer menschlichen Einstellung heraus ein sehr freundliches und gar freundschaftliches (z. B. der Dichter Cicero) Verhältnis zu ihren Sklaven. Doch auf die Idee, die Sklaverei allgemein abzuschaffen, kamen auch fortschrittliche Denker nicht.

Die Flucht eines Sklaven bedeutete für den Eigentümer einen wirtschaftlichen Verlust, deshalb wurde mit drastischen Mitteln davor abgeschreckt. Entlaufene wurden steckbrieflich gesucht, in Rom war eigens eine Spezialeinheit der Polizei zum Ergreifen entflohener Sklaven eingerichtet worden. Wurden entwichene Sklaven dann gefaßt, so war es üblich, ihnen mit einem glühenden Eisen ein „F" (für „fugivitus" = Entlaufener) auf die Stirn zu brennen. Andere wurden zur öffentlichen Abschreckung in Eisenringe geschmiedet oder in der Arena wilden Tieren vorgeworfen, manche gar gekreuzigt. Wer Entlaufenen Hilfe leistete, wurde hart bestraft, nicht nur in Rom, sondern auch in griechischen und kleinasiatischen Provinzen.

Auch für die Juden war die Sklavenhaltung selbstverständlich, allerdings hatten sie im Verhältnis zu den Römern ein sehr humanes Recht, das sogar die Auslieferung entflohener (ausländischer) Sklaven untersagte (vgl. Dtn. 23,16–17).

Verwendete Quellen:
Barclay 1974, S. 246. *Becker* 1989, S. 465. *Ben-Chorin* 1989, S. 148f. *Friedrich* 1981, S. 277–279 u. 284. *Theißen* 1974a, S. 248 (ausführliche Quellenangaben s. Stundenblätter Paulus, Klettbuch 926715).

15 Bibelstellen zur Sklaverei (in Auswahl)

Deuteronomium (5. Mose) 23,16 – 17:
16 Du sollst einen Sklaven (aus dem Ausland), der vor seinem Herrn bei dir Schutz sucht, seinem Herrn nicht ausliefern. 17 Bei dir soll er wohnen dürfen, in deiner Mitte, in einem Ort, den er sich in einem deiner Stadtbereiche auswählt, wo es ihm gefällt. Du sollst ihn nicht ausbeuten.

Jesus Sirach 33,26 – 33:
26 Gib deinem Sklaven Arbeit, sonst sucht er das Nichtstun. Trägt er den Kopf hoch, wird er dir untreu. 27 Joch und Strick beugen den Nacken, dem schlechten Sklaven gehören Block und Folter. 28 Gib deinem Sklaven Arbeit, damit er sich nicht auflehnt; 29 einem Müßigen fällt viel Schlechtigkeit ein. 30 Befiehl ihn zur Arbeit, wie es ihm gebührt; gehorcht er nicht, leg ihn in schwere Ketten! Aber gegen keinen sei maßlos, und tu nichts ohne gutes Recht! 31 Hast du nur einen einzigen Sklaven, halt ihn wie dich selbst; denn wie dich selbst hast du ihn nötig. Hast du nur einen einzigen Sklaven, betrachte ihn als Bruder, wüte nicht gegen dein eigenes Blut! 32 Behandelst du ihn schlecht, und er läuft weg und ist verschwunden, 33 wie willst du ihn wieder finden?

1. Brief an die Korinther 7,20 – 22:
20 Jeder soll in dem Stand bleiben, in dem ihn der Ruf Gottes getroffen hat. 21 Wenn du als Sklave berufen wurdest, soll dich das nicht bedrücken; auch wenn du frei werden kannst, lebe lieber als Sklave weiter. 22 Denn wer im Herrn als Sklave berufen wurde, ist Freigelassener des Herrn. Ebenso ist einer, der als Freier berufen wurde, Sklave Christi.

Brief an die Galater 3,28:
Es gibt nicht mehr Juden und Griechen, nicht Sklaven und Freie, nicht Mann und Frau; denn ihr seid alle „einer" in Christus Jesus.

Alle Bibelstellen: Einheitsübersetzung

16 Gellendes Pfeifkonzert in der Martin-Luther-Kirche

Stürmische Proteste
führen zum Abbruch des Gottesdienstes

X-Stadt, 2. 11. 1992 (epd)

Zu einem gellenden Pfeifkonzert kam es während des Gottesdienstes zum Reformationstag in der Martin-Luther-Kirche in X-Stadt (Sachsen-Anhalt). Als Pfarrer Schneider in seiner Predigt über das 13. Kapitel des Römerbriefes die Weisung des Apostels hervorhob, der Obrigkeit getreue Untertanen zu sein, weil die staatliche Macht von Gott eingesetzt sei, protestierte ein Teil der Gottesdienstbesucher durch Pfiffe, so daß minutenlang der Pfarrer nicht zu hören war. Trotz Vermittlung einiger Gemeindemitglieder konnte der Pfarrer seine Predigt nicht fortsetzen und brach den Gottesdienst ab.

Zum Hintergrund dieses Vorfalles muß an das Verhalten des Pfarrers vor drei Jahren erinnert werden. Damals, am Reformationstag des Jahres 1989, als schon seit Wochen massive Proteste gegen die DDR-Führung an der Tagesordnung waren (Montagsdemonstrationen in Leipzig, Mahnwachen in vielen Kirchen des Landes) hatte der Pfarrer auch über das 13. Kapitel des Römerbriefes gepredigt, in dem der Apostel Paulus die Christen zum Gehorsam gegenüber dem Staat ermahnt. Pfarrer Schneider hatte dies damals auf die aktuelle Situation in der DDR bezogen, den Protest der Massen gegen die SED als unzulässigen Widerstand abgelehnt. Dabei berief er sich außer auf die Bibelstelle im Römerbrief auch auf Martin Luthers Schriften, der auch Gehorsam gefordert und den Bauernaufstand 1526 abgelehnt habe.

Zum offenen Bruch mit Teilen der Gemeinde war es gekommen, als der Pfarrer einer christlichen Widerstandsgruppe verwehrte, in seiner Kirche eine Mahnwache für die Opfer von Übergriffen von Stasi-Mitarbeitern zu halten.

Nach der „Wende" hatten dann Teile der Gemeinde die Absetzung des Pfarrers gefordert, der immer ein loyales Verhältnis zu den Machthabern in der DDR gepflegt hatte. Gerüchte traten auf, er sei sogar Mitarbeiter der Staatssicherheit gewesen. Die Kirche hatte den umstrittenen Pfarrer dann beurlaubt, bis bewiesen war, daß er kein Stasi-Mitarbeiter war. Danach wurde er wieder in sein Amt eingesetzt.

Der erneute Vorfall zeigt, wie wenig noch die Vergangenheit in den Kirchen der ehemaligen DDR aufgearbeitet ist. Ein Sprecher der Landeskirche äußerte Betroffenheit, stellte aber fest, daß Pfarrer Schneider lediglich die Bibelstelle im Sinne der lutherischen Tradition ausgelegt habe, obwohl man zur Bewertung dieses Teils des Römerbriefes auch anderer Meinung sein könne.

Der umstrittene Pfarrer ist nun seinerseits in die Offensive gegangen und hat für den kommenden Samstagabend zu einer Diskussion über seine Predigt in die Martin-Luther-Kirche eingeladen, forderte aber seine Gegner nachhaltig auf, sich zuvor mit der Auslegung von Röm. 13,1–7 vertraut zu machen.

Es sei an dieser Stelle ausdrücklich darauf hingewiesen, daß nebenstehender Text frei erfunden ist; Übereinstimmungen mit wirklichen Personen und Sachverhalten können sich allerdings dadurch ergeben, weil einzelne Inhalte des Textes sich an tatsächlichen Begebenheiten orientieren.

17 Informationen zu Römer 13,1–7

Der Römerbrief entstand im Jahre 56. Zu diesem Zeitpunkt war der römische Kaiser Nero, der später dem Wahn verfiel, die Stadt Rom anzündete und dies den Christen als „Sündenbock" anlastete, gerade zwei Jahre an der Macht. Die ersten Jahre seiner Regentschaft stand er unter dem Einfluß erfahrener Berater, so daß diese Regierungsjahre als durchaus glücklich für das Reich anzusehen sind. An Christenverfolgungen ist zu der Zeit nicht zu denken, gelegentliche Übergriffe auf Christen und auch den Apostel sind Einzelfälle, die Paulus nicht darin beirren, den Staat grundsätzlich als etwas Sinnvolles anzusehen:

Der Staat ist von Gott eingesetzt, damit die Ordnung für das Zusammenleben erhalten bleibt. Um diese aufrecht zu erhalten, darf er Gesetze erlassen, die von allen Untertanen, auch den Christen, eingehalten werden müssen. Gegen Rechtsbrecher darf der Staat mit Gewalt (dem Schwert) vorgehen. Alle Bürger sollen dem Staat die Ehre erweisen, seinen Repräsentanten (Statthalter, Beamten) haben sie Respekt zu zollen. Zur Bürgerpflicht gehört auch das pünktliche und rechtmäßige Zahlen der Steuern sowie das Entrichten der Zölle. Für den römischen Staatsbürger Paulus sind dies selbstverständliche Pflichten für jedermann, die auch für die Christen im Römischen Reich zu gelten haben.

Paulus und die ersten Christen sind in ihrem Denken von der Naherwartung geprägt, d. h. sie erwarten die baldige Rückkunft des Auferstandenen, der das „Reich Gottes" errichtet. Der Staat und die gesellschaftliche Ordnung dagegen sind Bestandteile eines Zeitalters, dessen Ende bald erreicht sein wird. Sie sind nur noch von vorübergehender Dauer, Notordnungen, die man braucht, bis das Ende der Welt erreicht ist. Das Hauptaugenmerk des Apostels und der jungen christlichen Gemeinden richtet sich auf den Glauben und die Mission: Man will Menschen verändern, indem man sie zum Christentum und damit zum christlichen Leben bekehrt. Insofern will man nicht die Gesellschaft verändern.

Paulus ist ein „Kind seiner Zeit": Den Staat, in dem er lebt, versteht er grundsätzlich als Rechtsstaat. Wir können seine Einstellungen darum nicht mit den Maßstäben an eine moderne Demokratie, in der Sklaverei und Ungleichheit der Menschen vor dem Gesetz abgeschafft sind, messen.

Luther hat rund eineinhalb Jahrtausende später die Vorstellungen von Paulus für seine Zeit gedeutet. Auch Luther denkt noch in den Kategorien des Mittelalters, in der eine starke Obrigkeit für Recht und Ordnung sorgt, um das Miteinander der Menschen zu regeln. Auch für ihn, der nun nicht mehr an das nahe Ende der Zeit glaubt, sind staatliche Ordnungen Übergangsregeln Gottes, bis dieser „sein Reich" errichtet wird. Der Bürger, und damit auch der Christ, soll sich an das Gesetz halten, weil es von Gott zur Erhaltung der Welt und zur Verhinderung des Chaos eingesetzt ist. So sind für Luther auch die Fürsten von Gott zu diesem Amt berufen und Widerstand gegen die Obrigkeit nur im äußersten Notfall denkbar. Der Bauernkrieg von 1526 war für ihn kein solcher Notfall.

Für Luther ist Röm. 13,1–7 nur außer Kraft gesetzt, wenn der Staat es nicht mehr ermöglicht, Christ zu sein. Dann muß der Christ nicht Gehorsam nach Röm. 13,1–7 leisten, sondern ist zum Widerstand nach Apk. 13 gefordert:

- wenn die Kirche und ihre Diener nicht mehr das Evangelium recht auslegen und predigen, sondern fremden Mächten dienen,
- wenn der Staat nicht mehr nach dem Recht, sondern nach dem Unrecht trachtet,
- wenn die Familie so zersetzt ist, daß z. B. schon innerhalb dieser sich niemand mehr trauen kann, offen zu reden.

Luther erlaubt das Widerstandsrecht auch nur dann, wenn *alle drei genannten Mißstände zusammen* auftreten.

Abschließend muß noch einmal deutlich hervorgehoben werden, daß Paulus wie Luther keine christliche Theorie vom Staat aufstellen wollten. Paulus ging es um die Ermahnung der Gemeinde in Rom, dem Staat das zu geben, was sie ihm schuldig sind: Gehorsam und Einhaltung der bürgerlichen Pflichten. Luther sagt das gleiche für die Menschen im Hl. Römischen Reich Deutscher Nation.

Paulus – ein Reaktionär?

18 Familie und Ehe im Römischen Reich

Die Familie war die entscheidende staatstragende Institution der Gesellschaft des Römischen Reiches in allen seinen Epochen. Zur Familie gehörten neben den Blutsverwandten und den angeheirateten Frauen (Genaueres siehe unten) auch die zum Besitz gehörenden Sklaven, allerdings hatten letztere gegenüber der Familie kaum Rechte, sondern nur Pflichten. An der Spitze der römischen Familie aller Schichten stand der älteste lebende männliche Verwandte (pater familias) als unumschränkter Herrscher, der sogar weitgehend auch Herr über Tod und Leben sein konnte. Ihm unterstanden alle anderen Familienmitglieder, auch die angeheirateten Frauen, sofern dies bei der Eheschließung so vereinbart worden war, bis zu seinem Tode. Nach seinem Tode wurden die volljährigen Männer seiner Familie frei, die Unmündigen und die Frauen (Töchter) erhielten einen Vormund (Agnaten). Erst z. Zt. des Kaisers Claudius, also in etwa z. Zt. des Apostels Paulus, wurde das Agnatenwesen für volljährige Frauen abgeschafft; in der Praxis waren die meist wenig gebildeten Frauen für Rechtsgeschäfte aber doch auf männlichen Beistand angewiesen. Im Römischen Reich gab es verschiedene Möglichkeiten des Vollzugs der Eheschließung, neben dem üblichen Rechtsakt konnte man auch per Gewohnheitsrecht (usus) verehelicht werden, wenn man für die Zeit eines Jahres wie Mann und Frau zusammengelebt hatte. Zu paulinischer Zeit war festgelegt, daß die Eheschließung immerhin das Einverständnis beider Partner voraussetzte.

Eine Regelung, die zwar modern wirkt, aber allein durch das gesetzliche Mindestalter der Frau von zwölf Jahren relativiert wird.
Grundsätzlich gab es zwei familienrechtliche Regelungen für den Stand der Ehe:
– die Ehe *mit manus*
– die Ehe *ohne manus*.

Bei der ersten Form verließ die Ehefrau ihre Familie und wurde Mitglied der Familie des Ehegatten und somit der Verfügungsgewalt des dortigen pater familias unterstellt. Damit wurde eine Mitgift fällig, im Todesfall ihres Ehemannes erwarb sie gegenüber ihrer neuen Familie Versorgungsansprüche. Es gilt dabei zu beachten, daß die Verfügungsgewalt des pater familias über die Ehefrau wesentlich höher war als die des Ehemannes.
Die Ehe *ohne manus* wurde nach und nach immer mehr zum Regelfall. Die Frau verblieb dann in der Obhut ihrer Familie, zog zwar in das Haus ihres Mannes, war aber immer noch ihrem pater familias, in der Regel also ihrem Vater, unterstellt. Eine Mitgift entfiel, im Versorgungsfall trat die Familie der Frau ein. Dieses für uns seltsam anmutende Recht brachte den Frauen jedoch einige Vorteile dadurch, daß sie sich in Konfliktfällen mit dem Ehemann oder dessen Familie nicht nur des Beistandes, sondern auch der rechtlichen Verfügbarkeit ihrer Familie sicher waren.
Man darf die Ehe im Römischen Reich nicht an den Maßstäben der „Liebesheirat" des 20. Jahrhunderts messen. Die

Ehe war damals dazu da, den rechtlichen Rahmen für die Zeugung und Geburt möglichst vieler – vor allem männlicher – Nachkommen zu bieten. Zudem waren Eheschließungen häufig auch dazu da, geschäftliche und politische Bindungen zu besiegeln, auch wenn das Einverständnis der Partner notwendig war.

Obwohl die meisten Ehen, vor allem in der Unter- und Mittelschicht, recht beständig waren, war eine Scheidung leicht erwirkbar. Sie konnte von einem der Partner oder dem Vater der Frau (Ehe *ohne manus!*) beantragt werden, eine Begründung war formell nicht notwendig. Häufigste Scheidungsanlässe waren Kinderlosigkeit oder Ehebruch – beide Umstände wurden allerdings ausnahmslos der Frau angelastet. Der Ehebruch der Frau wurde gerichtlich verfolgt, und im nachgewiesenen Falle konnte der pater familias die Frau töten. Kaiser Augustus erklärte den Ehebruch als einen Verstoß gegen das öffentliche Recht – allerdings nur, wenn er von Frauen begangen wurde. Im Sinne dieser doppelten Moral leisteten sich die Männer einige „Freiheiten": Sie hatten Affären mit unverheirateten Frauen aus der Unterschicht, ihre Geliebten unter den Sklavinnen des Hauses oder gingen zu den reichlich vorhandenen und sogar steuerlich registrierten Prostituierten. Diese Verhaltensweisen galten nicht als anstößig, wurden von den Ehefrauen auch toleriert, lediglich bei den Philosophen der Stoa (Seneca, der Berater Neros, gehörte auch zu dieser Philosophenschule) wird der Ehebruch generell für beide Geschlechter verurteilt.

Obwohl die Frauen in der Regel nicht so alt wurden wie ihre Männer, gab es aber durch größere Altersunterschiede zwischen den Partnern und in Kriegszeiten häufiger Witwen. Es war in Gesellschaft und Staat gerade bei jungen Witwen gern gesehen, wenn sie sich wiederverheirateten. „Treue über den Tod hinaus" war zwar angesehen, aber bei weitem nicht gefordert.

Auch wenn der Apostel für sich selbst, was für einen ehemaligen Rabbi außergewöhnlich ist, ehelos lebt, tauchen in seinen Briefen immer wieder die Namen von Frauen auf, die auch teilweise Erwähnung in der Apostelgeschichte finden. So läßt er in den Grußadressen in Röm 16 die Frauen nicht aus, teilweise werden die Frauen auch als wesentliche Mitglieder von Gemeinden deutlich erwähnt.

Als erstes wäre die in Röm 16,7 genannte *Junia* anzuführen, die Paulus ausdrücklich als Mitgefangene grüßt und die sogar den Titel „Apostel" zugesprochen bekommt. Da aber nicht sein kann, was nicht sein darf, hielt man den Namen in späterer Zeit für einen Schreibfehler (eine Frau als Apostel?!) und machte einfach einen Mann namens Junias daraus. Diese Lesart hält sich trotz besseren Wissens hartnäckig in unseren Bibelausgaben.

Das gleiche Kapitel enthält in Grußadressen eine nicht gerade geringfügige Anzahl weiterer Frauennamen, ein klares Indiz dafür, daß der Apostel die weiblichen Gemeindemitglieder nicht minder achtete als die männlichen. Immer wieder spricht er von dem Ehepaar *Priska* und Aquila, den Zeltmachern aus Korinth, die ihr Leben für ihn aufs Spiel setzten. Selbst eine durchaus übliche Formulierung wie Aquila und Gattin ist ihm fremd.

Am Anfang des Kapitels hebt er *Phöbe* als Dienerin der Gemeinde von Kenchreä, eines Vorortes von Korinth, hervor. Er bittet die römische Gemeinde, sie freundlich aufzunehmen und ihr behilflich zu sein. Theologen lesen dies eindeutig als Empfehlungsschreiben, demzufolge Phöbe als Überbringerin des Römerbriefes anzusehen ist. Zweifellos eine sehr verantwortungsvolle Aufgabe, die wohl aus der erwähnten Hilfsbereitschaft gegenüber dem Apostel resultiert. Und schließlich findet in der Apostelgeschichte noch die wohlhabende, selbständige Purpurhändlerin *Lydia* aus Thyatira Erwähnung, in deren Haus sich die Gemeinde der Stadt Philippi versammelt.

Paulus verschweigt also nicht die Frauen der Gemeinden, nennt sie in einem Atemzuge in Grußadressen mit den Männern und hebt einige sogar als für sein Leben bedeutsam hervor, da sie ihn und die Sache Christi tatkräftig unterstützten.

Quellenverzeichnis

Abb. in Mat. 1:
Mosaik aus der Basilika San Vitale in Ravenna. Abzug von einem Dia, entnommen aus: Dietrich Steinwede, Sachbilderbücher zur Bibel, Serie 4: Paulus aus Tarsus. Kaufmann/Patmos 1979. Dia 1 im Anhang zum Buch

Abb. in Mat. 2:
Zeltmacher. Abzug von einem Dia, entnommen aus: Dietrich Steinwede, Sachbilderbücher zur Bibel, Serie 4: Paulus aus Tarsus. Kaufmann/Patmos 1979. Dia 4, rechte Hälfte, im Anhang zum Buch

Mat. 5:
Karte des Römischen Reiches. © 1972 by Benziger Verlag, Zürich, und Theologischer Verlag, Zürich